JN411507

닮았다

신지영 시집

시와사람

닮았다

2024년 9월 1일 인쇄
2024년 9월 5일 발행

지은이 신지영

펴낸이 강경호 편집장 강나루 디자인 정찬애
펴낸곳 도서출판 시와사람
등록 1994년 6월 10일 제 05-01-0155호
주소 광주시 동구 양림로119번길 21-1(학동)
전화 (062)224-5319 E-mail jcapoet@hanmail.net

ISBN 978-89-5665-734-9 03810

값 12,000원

*잘못된 책은 구입하신 서점에서 바꾸어 드립니다.
*지은이와의 협의로 인지를 붙이지 않습니다.
*이 책은 전라남도, (재)전라남도문화재단의 후원을 받아 발간되었습니다.

이 도서의 국립중앙도서관 출판예정도서목록(CIP)은
서지정보유통지원시스템 홈페이지(http://seoji.nl.go.kr)와
국가자료종합목록 구축시스템(http://kolis-net.nl.go.kr)에서
이용하실 수 있습니다.

닮았다

■ 시인의 말

언제부턴가
내 맘대로 안 되는 것이
더 감사하다

글을 쓰는 것도
내 맘대로
안 되는 것 중
하나다

2024년 가을에
신지영

닮았다 / 차례

제1부 그대에게 들어서다

제2부 곁이 되는 것

제3부 바다로 간 나무

제4부 밤, 예술의 섬에서

제5부 엄마의 그날

작품론

닮았다

제1부

그대에게 들어서다

그대에게 들어서다

어디쯤에서 시작된 것일까
헝클어진 머리카락을
열 손가락으로 넘기고 있다

하늘이 내려와 푸르러진 호숫가
병풍처럼 수생식물로 살다가
젖은 낙엽이 된 것을
결국 말하지 못했다

숲으로 들어가
짝 하나 만나면
날 닮은 그에게 말해볼까

하늘로부터 시작된 호흡이
등고선을 그으며 번질 때 쯤
살그머니 그 사이를 비집고
그대에게 들어선 나를 보았노라고

핑계

넌 괜찮아 그대로 있어!
태풍이 다가오고 있다는 일기예보에
화분 몇 개를 안으로 옮기면서
독하게 내뱉은 말이다

바람이 곁을 휘젓고 지나간 후
궁금해서 마당으로 나갔더니
뭔 일 있었냐는 듯 구부정하게 섰다

넌 괜찮아 그대로 있어!
매정하게 던져버린 그 한마디가
되레 응원이라도 되었을까

독한 말 한마디 쏟았으니
흔들리는 잎 보면서
입이 쓰다
독하게 살아야 할 핑계만 하나 더 늘었다

구멍가게

낡고 녹슨 시간이
눌어붙어 있다
늙고 쉰 냄새가
스멀스멀 올라온다

구석에 박힌 박하사탕도
수 없이 밟힌 문턱을
비스듬히 기댄 지친 간판도
속 보이는 구멍을 가리고 있다

잡동사니들이
앞 다퉈 되돌아온 골목마다
숭숭 뚫린 세월만 보인다

열어두어도
닫힌 것 같은 문틈으로
세상이 어두워질 때까지

골 깊은 손으로
주섬주섬 모았다가 펴기를

색이 닳도록 반복했다

왜 구멍가게였을까
죄다 막혔는데
막을 수 없도록 뚫린
내 마음 말고는

길섶

숨소리만 들리고
바스락대며 살아있음을
기척으로 알리는 거기

지나가는 것까지도 잔잔한
그 가장자리 한쪽을
나는 사랑한다

좁아도 소중하고
부족해도 넉넉한 그런 모습으로
내가 꾸는 꿈이
여전히 달콤한데
거기서 날마다 무르익어 간다

세련되지 못해
더 사랑스러운 서툰 몸짓도
특별한 의미가 된다

외면하지 못하는 끌림이 된다

폐역에서

거미줄로 동여맨
창문 안을 들여다보니
빈 의자에 기다림이 앉아 있다

주변을 깨우는 두툼한 목소리는
줄 선 사람들 사이로 천천히 멀어져가고
빨간 깃대를 든 몸집 큰 역무원이
철길을 바라보고 있다

그날처럼
애타게 누군가를 기다리는가

먼 산에서 수직으로 낮이 닫히고
보름달을 닮아가는 사람들이
하나둘 모여들었다

칙칙폭폭
익숙한 소리가 풀벌레 울음에 묻힌다

닮았다

애초에는 흙이었다
메마른 몸을 물컹물컹 적신
화려한 꽃대가
살갗을 비집고
부르르 떨리기까지는

남아있다는 것은 그나마 다행이다
사정없는 세월의 손끝에서
장작더미로 태워져 연기로 날렸거나
먼지로 녹아졌을 터인데

바다였다가 산이 되고
사막이었다가 오아시스가 되는 것처럼
흙이었다가 나무로
늙어왔다는 것이다

그래
나도 너였을지 몰라
너에게서 가지로 살아왔는지 몰라
〉

주름진 네 발등에 내 손을 얹어 본다
단번에 알아보았다
닮았다

너에게 할 말 있어

두근대고 있다는 것을
숨기기에는 이미 늦었다
흥건해진 마음을 감싸 안아야지

봄볕이 이파리를 펼치며
내려준 너의 품에서
조용히 눈 감아보는 것

떨고 있음을 들켜 부끄러운 내게
솔솔 다가오는 것은
그래,
그때,
먹을 것만 찾던 그 눈망울에 비친
공허함
아마 그런 그림이었을 거야

낯선 저들에게 포근하고
허둥대는 그들에게 쉼이 되는
그 마음
〉

허공을 타고 오른
등나무의 어깨만 같아

이제야
너에게 할 말 있어
너에게 기댈 수 있어
아직 두근대고 있어

출입 금지

내버려 둔 풀밭이라서
누구나 출입이 가능한 곳으로 여겼는데
창조주의 상속자라도
당당하게 걸어갈 수 없다니
애당초 허락된 곳이 아니었나?

지번地番을 처음 부여하고
맨땅에 금을 그은 자들은
주인의 허락은 받았을까?

걸음을 되돌리며
두 발은 무중력을 경험하고
생각의 파편들만
무례하게 흩어지고 있다

정해진 것은 아니었지만
아무렇게나 그 안에
뿌리 내린 잡초 마냥
"출입 금지"
〉

거기에
살았을지도 모를 일인데
기억하지 못한다는 것이 아이러니다
보이지 않는 구속이 시작되고 있다

가을이다

흰 구름타고 바람이 실려 왔다
풍덩 빠지지 않아도 강이 깊어지고
기별 없는 사람이 궁금해
편지를 썼는데 주소를 알 수 없어
호주머니에 넣고 만지작거리다가
문득 그리워지면 가을이다

곁에 두고 싶은 한 사람
먼저 제철을 만난
풀벌레의 신음에 귀를 열었는데
안 보면 잊히는 거라며 눈감고 있다가
그 이름을 부를 때면 가을이다

아는 것이 병이라며 잊으려 애쓰다가
외로워져서 가물가물해진 길을 더듬으며
삶은 그런 거라고
고개 끄덕이는 쓸쓸한 그림자를 따라서
무작정 가고 싶어지면 가을이다

가슴을 열 때마다 살아있어 따뜻한데

기억 저편에 누렇게 저물어
속이 꽉 찬 중량감을 느낄 때
다시 제 자리로 찾아든다면 가을이다

달랑 떨어지는 잎 하나
아니다

정신 차려

공갈 젖꼭지 물고 앉아서
금방이라도 넘어질 듯
흔들흔들
졸고 있던 녀석이

소파에 앉아
물끄러미 텔레비전 보다가
졸음에 눈이 감긴
나를 눈뜨게 한 말

'하버지 정신 차려~'

그냥

궁금해서 물어보았다
할아버지가 좋아?
네~

기분이 좋아서 다시 물어보았다
할아버지가 좋아?
네~

확인하고 싶어서 또 물어보았다
할아버지가 좋아?
네~

묻지 않아도 될 것을 물어보았다
할아버지가 좋아?
네~

왜 좋아?
그냥~

골목길

가로등 밑에서
썰렁한 밤바람이 졸고 있다

먼저 목을 내밀고
나중에 몸을 밀어내는 것이
좁은 곳을 빠져나가는 순서다

별을 거부한 좁은 골목에서는
두 손 모아
쭈욱, 팔을 뻗고
목부터 내밀어야 한다

길은 다 통하는 것이라며
여유를 부리면 앞이 막힌다
골의 끝이라고 단정 지을 때
항상 길은 굽어지는 법

목을 돌려 다시 이어진
일방통행이 기다리고 있으니
골목을 지나

넓은 마당이 나오기까지
아무도 골에 목 놓지 말기를 바라며

통통통
시끄럽게 냄비를 깨운다

영락없다

딸은 아이의 귀를 잡고
숨이 멎을 것 같이 긴장하면서
살얼음처럼 예민한 얼굴을 바라보며
귓불을 잡아당기고
아주 천천히
어두운 귓속을 불빛으로 들여다본다

귓속을 넓혀 찬찬히 둘러보며
조심조심 후빈다

엄마 무릎에 누워
눈만 감고 그대로 멈춘 줄 알았는데
숨소리가 달빛을 품은 호수 같다

시름없이 잠든 모습이
영락없다

물

몰랐다
자꾸만 위에다 붓고
위로 보내고
위에 두었음에도

요리조리 길을 내며
휘어지고 구부러지고
멀리 돌아서라도
마침내 낮은 데로 가는 것을

더 낮은 데로
더 천한 데로
밑바닥에서부터 다시
더 깊이 더 넓게
세상을 흠뻑 적실 수 있음을
이미 알고 있는 것이다

두고두고 감사할 일

언제까지
눈으로 보고 귀로 들어야 하는가

보이지 않는 것도 아름답고
들리지 않는 것은 더 세미한데

마음으로도 보고
가슴으로도 들을 수 있다는 것은
놀라운 선물이다

경험하고 보이는 것에 대하여
알아가는 일이 티끌 만큼인 것을
깨달은 것이 경이롭다

제 인생 하나도
맘대로 할 수 없다는 것이
알고 보면
두고두고 감사할 일이다

제2부

곁이 되는 것

전라선의 그곳

전라선 종착역에 갈 때는
객차에서 푹 잠들어도 좋다
기관차가 다리를 길게 뻗어두고
숨 고르는 곳이라서

마파람이
와글와글 창가를 스치며
수런수런 동박새 한 쌍 따라가면
연인들이 소곤대는 거기

엄마의 젖가슴에 파고들어
춤추는 음악을 눈으로 듣는
애기 섬을 품어
애틋한 마음까지
사랑으로 채우는 그곳

미소 담은 얘기들이
귓가에 도란도란 흐르고
붙잡혀서 편안해진 사람들에게
마지막이거나

처음이 되기도 하는

이름이 시발역으로 바뀌어도
전혀 낯설지 않은
그곳

곁이 되는 것

모질게 비바람 맞으면서도
품을 열어 지친 몸을 감싸거나
그렁그렁 맺힌 이슬이
사랑 얘기하는 춤사위 되는 일

나그네 가는 길에
허름한 옷자락 한 올 펴는 일

제 몸 하나 눕히지 못해도
누군가의 쉼터가 되거나
쓰디쓴 통증을 움켜쥐고
몸을 돌리는 일

혼자 남아도 한 폭 그림이 되어
잠시 숨 고르며 가만가만
가슴을 열어 맡기는 일

잎사귀 비집고 내린 햇살이
선물이 되기도 하고
작은 새의 날갯짓에도

노래를 부르는 일

침침한 그늘에서도
파란 하늘을 바라보거나
또 다른 나를 찾아
생명을 잉태하는 일

이별을 앞두고
밤새 울며 기도하는 일

곁이 되는 것은 그런 것이다

대장간에서 듣다

흩어진 파편을 보았다
원하는 것마다 욕심이 되는 것일까
엎질러진 속마음 알 것만 같다

화덕에 밀봉된 채
녹슨 위선이 이글대는 쇠붙이는
망치 맞을 일을
기다리며 모루에 누웠다

낫이거나 호미거나 꿈이라는
절박한 목소리가 들렸다

날을 세워 서슬 퍼렇게
살아보겠다는 외마디에
장터가 몸살 난 곁을 내주었고
입 틀어막고 풀무질하던 손은
덩기덕 쿵! 장단에 어깨를 들썩였다

빈집의 비탈진 처마 밑에
대롱대롱

〉

스쳐가는 산들바람에
흔들흔들

제자리 차지하고 있으면 좋겠다

약초 이름표

산속에 사는 것들은 고질병이 있다
젊었을 때 무쇠 팔뚝이 잘렸고
칼벼랑에 뿌리내리지 못해 척추는 휘었고
지치고 목말라 튼실하지 못하다

할머니는 투박한 손으로
약초 봉지의 큰 입을 벌리고
꾸역꾸역 꼬랑지를 밀어 넣는다
뼛속 깊이 스며들 때까지
목울대를 타고 녹아내릴 때까지

고열과 오한으로 뒹굴며 바라보았다
첩첩산중을 넘어가는 낮달을
강 건너며 저무는 해를
바람에 흔들리고 빗속에 걷던 숲길을
시골 장터에 와글와글 모여 있는 것은
슬프거나 아픈 것에 대하여
약초 이름표 내밀어 가며
무한책임이라도 지려는가 보다

휴양림에서

숲 그림자 따라 걷다가
감춰둔 속마음을
털어놓고 말았다

저만치
거리를 두면서부터
더 가까워지다니

울퉁불퉁 돌멩이 불거진
흙길을 걸으면서
지친 마음 온몸으로 쓰다듬는다

꽃불

산마다
꽃불이 타오르고 있다

잔불 정리 중이라고 했는데
슬그머니 불씨를 건드리는
봄바람이 분다

해마다 봄바람에
나대는 심장을 진압하느라
꽃은 밤을 설친다

물 머금은 가지마다
바람에 맡긴 꽃불이 박자에 맞춰
빙글빙글 돌고 있다

섬 길을 잇다

바다 한복판에서
밤새 눈 못 붙인 허기진 아버지
썰매 타듯 통통배 몰아
섬으로 달려오셨다

오늘 나는
자동차를 타고 적금대교를 지나
어머니에게 가는 중이다

섬 섬길로 대를 이은
울 어머니의 걱정거리
칠십을 바라보는
나

늙은 배 한 척

통통한 나무를 켜니
널찍한 목판이 되었다
바람 잘 날 없던 가지가 잘려나가도
목수가 시킨 대로 자리 잡았다

진수식 날
오래 단절된 바다 위를 내달렸다

경계를 넘나들던 무례함마저
오늘
용서가 되는 것은 왜일까

한 그루 나무가
배 한 척으로 선적을 올리기까지
시퍼런 바다에
검버섯처럼 자리 잡고 똬리를 틀기까지
수 없이 몸을 사르며 천천히
그 무엇으로 만들어짐을 상상했으리

파도에 밀리면서도

세월의 갈피에 썼다 지우기를 반복했으리

섬마을 모퉁이에 터를 잡아
하늘을 바라보며 푸석하게 드러누운
늙은 등허리를
자갈들이 떠받치고 있다

레일바이크를 타며

포근해지는 것을 느꼈다
그랑 나랑
같은 곳을 바라볼 수 있다니

검은 모래 바닷가에
묵혀둔 시절
그때 그 기적소리는 아닐지라도

가슴을 펄떡펄떡 뛰게 한
목소리가 들렸다
쏴~아

간절한 기도가 시작되고

자산공원에서 돌산을 잇는
해상 케이블카에서
등 떠밀려 미끄러짐을 느끼는
순간마다

간절한
기도가 시작되고
날개 접은 갈매기도
겸손하게 서 있다

섬 섬길

푸르른 바다에
풀어놓은 보석들

여수의
섬과 섬
이름을 다 떠올리지 못해도

그 길
가다 보면
망설였던 네 마음
뭉클해질 것

그 사람은 늘 그랬다

봄날, 초록빛을 보면서
입술 붉은 부채를 챙겼다
두 팔에 주렁주렁
가을이 깊어질 때
잘라낼 가지를 미리 정했다

후끈 달아오른 품에 안겨도
그 호숫가 그늘에 묻히거나
침 넘기는 소리 들리도록
귀를 세우고 넓히던 손
떼지 않았다

흔적

희미해진 진실과
기억 저편으로 사라져가는 이름들
누가
불러줄 수 있을까

검게 타서
빗살무늬로 패일 때까지
같은 메아리를 들으며 살아온
상처,
흔적으로 남았다

밤마다
무수한 별이 되어
거친 손으로 가슴을 치며,
검은 바다 위를
아찔한 오솔길을
이빨이 딱딱 부딪히던 골짜기를
더듬어 가는데

작은 돌멩이 하나

획
계곡에 돌팔매질하면
눈물 삼켜 온 음산한 그 자리에

사랑의 꽃 한 송이
다시 피어나길 기다리며
포기할 수 없는 간절한 기도가
산 능선 굽이돌아 울부짖고 있다

옹이 터

나뭇가지로 살던 때부터
단단하게 굳은살이 되어갔다
물관을 통해 몸이 부풀었고
사랑을 받아 도톰한 입술이 그려졌다

선택을 받은 날부터
화려한 꿈을 꾸며
풍성한 열매를 키워 갔다

바스러져서
흙이 되고 굳어지도록
속을 비우며 날려 보냈다

지금까지
옹이로 닫혀 살다가
하늘을 향해 문을 열었다

낙엽 지는 길

그때
같이 걸었던 길

모퉁이에 남아있는 나무의 잎새가
새처럼 펄럭인다

발맞춰가는 동안
바람은 가지에 걸터앉아 있고
나무는 차근차근 꽃잎을 펼쳐
서정적인 풍경이 되었다

그리움도 하늘로 가면
낙엽 밟는 소리에 눈물 흘리며
바람만 왔다가겠지

낙엽이 누운 길 위에
사람들이 찾아와
사랑하다가 날이 저물어
이별을 맞는 중이다

제3부

바다로 간 나무

바다로 간 나무

뭔가 모르고 있다는 생각이 들거나
허방을 짚었다는 느낌이 들 때
괜찮다고 말해주고 싶다

스스로를 하찮다고 여겼지만
제자리를 찾아
한몫 톡톡히 해내는 것을 보면,
바다를 헤치고 갈 이물이 되거나
누워 잠자기 좋은 고물이 되었다

핑계 대지 않고
바닥이 되어 몸통을 받들거나
돛대가 되어
바람 한 점 허투루 보내지 않았다

길게 숨을 고르며
파도를 밀어 올린 바다의 품에

방금
뭍을 떠난 배 한 척이 안겨 있다

적금대교를 지나며

사람과 사람
사이를 이어주며
바다 위에 버티고 섰다

그 밑을
서성이는 작은 배
잊혀가는 얘깃거리 되새기느라 바쁘다

섬을 떠나지 못하는 것은
정이 깊어서일까
밤마다 바다로 나가
섬을 돌며 살던
어부의 노래가 구슬프다

애초에 이어진 것일 터
한사코 밀어내지 않아도 되는데
잠시 잊고 살아왔을 뿐인데
이제 알 것 같다

그 자리

몰래 타들어 갔다
손을 수없이 내저었다
내어주는 것은 오히려 풍성해지는 일
거칠어질 때마다
바닥으로 내려앉기를 반복한다

누군가 비워두고 지나간
그 자리에서 오늘도
숨 한 번
후~ 내쉬고 간다

간혹 천둥 회오리바람이
신기루처럼 꽂혔다 사라져도
헐고 세우기를 멈추지 않는다

눈 질끈 감을수록
더 줄줄 흐르는 눈물처럼
본래 그런 자린가 보다

여수의 아침

저기 동터 오는 빛을 보라
물보라를 박차고
뼈마디 살점마저 옹이가 되어
치밀어 오르는

동백꽃 뜨거운 입김을 느껴보라
사랑이 붉게 타들어간
초록빛 잎사귀 아래서
쉼 없이 향기를 뿜어대는

지친 생명의 쉼터를 찾아보라
소망이 숨겨진 대숲 사이
풀어낸 알가슴으로
포구를 저어 무리로 달려드는

여수의 아침을 보라
갈매기 휘파람 소리가
항구를 넘나들어 점점이 뿌려지는
꿈에 부푼 은빛 바다에서

개미

아침부터 몹시도 바빴나 보다
아직도 수선거리는 꼴 보니

제 몸 하나도 감당하지 못하면서
지금까지 살아왔을까

해넘이가 시작되면
운명같은 밤을
무작정 맞이하려나

검은 손으로 피곤한 얼굴을 비비며
안갯속 같은 정적 속으로
휘청휘청 걸어가고 있다

산다는 것은

머물 자리가 없어서
비집고 들어간 틈에서
온기를 찾는다

죽을힘을 다해
마른 잎을 밀어내고
포르르 날개를 펴면

여전히 두근거리는 심장,
산다는 것은
기어코 견디는 일인가 보다

당신의 눈물

묻어버리면 별 탈 있겠느냐며
딱딱하고 각진 군화 소리에
닫았던 마음이 아직도 침묵하고 있다

눈을 감고 귀를 막아도
벌처럼 잉잉대는 총성,
비명과 절규를
귀는 기억하고 있다

살아있는 자의 가슴은 무너지고
별이 된 당신은 밤마다
청춘의 그 모습으로 다가오는데

저 너머 걸어가는 시퍼런 공포에
까맣게 변한 흔적을
민들레 씨앗처럼 찾아 나선다

갯가 골목길에
입술 떨리던 골짜기에
상처가 딱딱한 옹이처럼 굳었다

〉

역사는 거짓이 아니다
한 줄만 남아있어도
진실의 입에 손을 넣어도 당당한 사실

그 시절의 이야기가 아닌
숨죽이며 살아온 시간의 파편들
묻어두고 있어도
여전히 당신의 눈물은 통곡이다

기다리는 섬

사도를 따라 나섰다가
바다 가운데 남겨진 섬 부도가 있다
외로움을 묻어둔 언덕이 섬이 되었다

먼 바다를 보며
가슴에 담고 기다려 온 시간을
돌아보니 아득한데
찾는 이가 없다

바람을 타고 온 짠내
나이 들어가면서 은근히 좋았는데
언제부턴가 배 한 척이 보고 싶고
사람이 그리워졌다

세월은 기다려주지 않는데
맨발로 걸어 나온 부도가
기다림에 젖은 가슴을 들이민다

섬에 왔다 돌아서는 연락선에서
혹시

반가운 소식이라도 전해줄
깃발 하나 흔들리려나

비둘기의 산책길

비둘기 두 마리
가던 길을 멈추고
마음을 훔치려는 듯
힐끔힐끔 번갈아 본다

딱딱하게 변해가는 것을
멈추게 하려고
아쉬운 것 부끄러운 것
지워버리고 싶은 것들을
내 뱉는다

산책길
살그머니 내려둔 것들이
하얗게 색칠되는 중이다

새벽 한 시

5병동의 복도가 분주하다

고통스러운 숨소리
허둥대며 헝클어지는 시간
야윈 팔뚝에 박힌
날카로운 금속을 타고 훅 들어왔다

알약을 삼킨 후
투명한 관으로 이어지는 시간
생명의 물관을 연다

캐스팅, 그 후

왜 하필이면 나였을까?
가난하고
무지하고
연약하고
교만한 것까지 다 알고 캐스팅하셨을까

나는 나를 몰라
늘
부끄러워 죽을 지경인데
다 아신다니,

그저 바라만 보시다가
안타까운 손 내미신다

그때 그대로의 모습
조그맣고 보잘것없는 원래대로
더 이상 욕심부리지 말자
캐스팅 받은 것으로 족한 줄 알고

섬 그리고 바다

하얗게 머리를 풀어
배부른 짐승의 꿈을 꾸다가도
고삐를 틀어쥔 섬은
또다시 바다를 기다린다

헤엄치는 것만으로
가까이 와 있는 잔잔한 물결이나
은빛으로 띄운 별들을
마음껏 즐길 수는 없다

세월에 실려
맨발로 걸어와
달빛에 흐느끼는 영혼이
가슴으로부터 눈물을 흘려야
바다는 섬에게로 온다

제조 일자

딱,
찢기는 소리
종아리를 비집고 나온 파열음이
귀에 들렸다

뙤약볕을 가린
나무에 기대 주저앉았다

예술의 섬 장도로 가는 길
여기서 멈춘다

파열된 왼쪽 종아리
제조 일자
1957년 11월 20일

고백하다

산길을 따라 몸 흔들며 가더니
저녁노을에 얼큰하게 물들어 가면서
바스락바스락 눈웃음을 내려놓았다

기다리던 밤마실 길에서
살그머니 잎사귀를 밟으며
건네는 말

비밀인데,

하늘 한번 쳐다보고
별자리를 더듬던 손길로
구석구석 부족한 것들을 채우고
앵두처럼 속살이 변해가고 있지만
무성하거나 화려하거나
결국 시들게 된다는 것을
난 알아

민들레

머물 자리가 없어
바람에 흩날리다가

누울 자리가 없어
잠을 못 이루다가

죽을힘을 다해
틈을 비집고 나온 여린 잎

또다시
포르르 날갯짓이다

제4부

밤, 예술의 섬에서

밤, 예술의 섬에서

바람 부는 날,
엉킨 실타래를 따라가다가
그만 경계선을 넘었다

첨벙!

발을 뻗고 노려보는 섬이
눈에 불을 켜고
오르지 못한 이무기처럼
돌멩이 밑에 발을 밀어 넣는다

그때는 빗물고인 처마 밑에서
목줄을 타고 우렁차게 뽑아낸
울음소리가 들렸다

그랬다
외줄에 묶인 누렁이 한 마리
섬 가장자리에
쉼표를 넘어 마침표가 되어
〉

홀로 헐떡이고 있었다

겉을 못 보고
속을 먼저 보아서
가질 수 없었던 것들이 널려 있는
거기

안타까움 하나
아쉬움 둘
예술의 섬 곁에 두었다

*여수에는 예술의 섬이 있다.

섬에 가면

소설 같은 이야기를
일기로 적어둔 섬에 가면
바다의 품에서 살던
사람들을 만나고

구석구석
유년의 기억이 화석이 된 섬에 가면
꿈마저 한이 되어 엉킨
얘기를 듣는다

선착장 바라보며
잔등을 토닥이는 섬에 가면
늙은 팽나무 그늘에서
지칠 대로 지친 눈을 만나고

찢기고 패인 흔적 희미한 섬에 가면
사는 것이 전쟁 같았던
어머니의 거친 손이 잡힌다

〉

노인과 섬 이야기로
날 새는 줄 모르고
섬 사람들 전설이 되어가고 있다

섬이 섬을
배를 타고 오고가면서
섬으로 장가들고
섬에게 시집간다

섬과 섬 그 중간쯤에서

다리를 건널 때마다
밑바닥에 묻어둔 생각들이 일어서고
맞잡은 손을 흔들다가도
아직 뿜어내지 못한 향수에 젖는다

썰물에 떠오른 바위섬이
휘어지는 파도를
온몸으로 막아선다

배를 타고
섬의 경계를 넘는 일이 낯설다

자갈밭에 두 다리 펴고
나란히 앉아 있던 아이들이나
검게 탄 얼굴로 바다를 일구던 어부들은
이런 일을 짐작이나 했을까

섬과 섬
그 중간쯤에서
유년의 흔적을 섬에 둔 사람이

핑계 삼아 바다를 바라본다

또 다른 섬 잇고도
잊지 못한다

모래 무덤

씻어 내리고 털어버리고
다 내려놓을 줄 알아야 한다며
모사금 바닷가에서 모래를 털어낸다

바람은 바다를 밀어
마음에 가득한 욕심 덜어가기를
천천히 끝까지
반복하는 중이다

바람은 바다 위로
바다는 모래 위로
시간과 공간을 넘나들며
실눈이 침침해지는 늦은 오후까지
낯선 모래무덤을 자꾸 만든다

동백의 언어

칼바람
시린 달빛 아래서
툭,
터지는 소리
'당신만을 사랑합니다'

들릴 듯 말 듯
간절한 개화

채석강

변산반도 바닷가를 돌아
격포항을 걸어 채석강에 다다르니
바다는 쉬지도 않고
겹겹이 그리움의 구들을 쌓고 있다

바다가 그리워 섬을 떠난 사람들
섬이 그리워 바다에 빠진 사람들
채석강에는 그런 사람들이
하나 둘
자리를 잡고 떠날 줄 모른다

그리움도 짙어지면
병이 되는 것
화석처럼 굳은 모습이
따가운 볕에 그을린다

잔디

밟고 섰다

가느다란 바람이 불어도
흔들리는 잎사귀들이
수 없이 의지하며 모였다

한 발을 들어 보니
무참히 눌렸다가
허리를 접어 바닥에 눕힌 채 중상이다

비를 머금은 바람이 불어왔다
바스락거리며 허리를 세워
하나 둘
몸을 일으킨다

휙 뒤돌아보았다
모두가 하얀 손을 흔들며
부끄러운 등에다 쏘아붙인다
생존권 보장!

터널을 지나며

순간에
밝음과 어둠의 한계를 넘어섰다
두려움을 직감하면서
눈을 감고도 두 바퀴가 덜컹대는
소리를 번갈아들었다

보이지 않는다는 것은
포장된 평안일까
반복된 제자리를 눈치 챈 순간
어두운 공포가 시작된다

더듬이를 세워 바람소리를 들으며
숨 죽여 거칠어진 호흡이 진정되기까지
깍지 낀 손 풀지 못한 시간이 너무 길다

이제야 안 일이지만
숨이 턱 막히는 일을
아무렇지 않게 해왔는지 모를 일이다

〉

한 줄기 빛을 미리 보며
잠시 쉬어가기 좋은 때라고
한마디 던진다

동백꽃 피는 날

차가운 눈물을 머금은
붉은 꽃 보러 갔다가
대숲에 기대 우는 바람을 보았다

섬마저
눈물에 젖을 것 같아 망설이는데
핏발선 눈으로 섬을 헤매일 때
하얗게 질린 구름이 달려왔다

목청 높은 파도에 떠밀려
절벽을 따라
걸었다고 했다

바람의 갈기가 쉬어간 자리
눈을 비비며
툭 툭
동백꽃이 망울을 터트리고 있다

청포도

빛의 온기가 낯익은 봄날
햇살 매단 풀잎처럼
새 한 마리 둥지를 틀었다

밤이 낮처럼 밝아서였을까
별빛에도 초록이 짙어질 즈음
늙은 어미 마른기침에 굽은 허리 흔들리듯
꺾인 다리 주물러서 한 발 세우듯
청포도
푸르게 익어가는 소리가 들렸다

숨어 우는 노래에 슬픔이 더하듯
잎사귀 뒤로 감춘 몸은
시퍼렇게 멍이 들고
아직 더위는 저만친데
못 견딜 비바람에 설익은 새날을
맨발로 맞이하고 있다

수줍은 고백

눈부신 봄에 산을 오르다가
양지바른 언덕에서 종일 꽃을 피우느라
땀 뻘뻘 흘리는 길에 앉았다
저 끝없는 꽃보라를 어떻게 피웠을까

그렇다
이토록 꽃이 아름다운 것은
꿈이어도 꿈 아닌 세월에도
풀지 못해 가슴에 품고
몰래 지독한 몸살을 앓은 까닭이다

벌겋게 취해
힘들게 걸어온 억울함이 풀릴 즈음
길인듯 길 아닌 곳에서
수줍은 사랑을 고백하고 말았다

꽃이 잔다

사람과 사람 사이에서
우르르
꽃이 일어난다

거칠고 모난 돌 요리조리 피해
꽃비 흥건하더니
새근새근
꽃이 잠에 든다

꽃 한 송이 머리에 이고
해마다 그 사이 비집고
일어났다가 잠든다

길을 찾습니다

길은 어디든 통한다는데
한 길만 걷는 것은 우매한 고집일까

길은 모두 닮았는데
길의 다름을 안다는 것은 절망일까

길은 다 같은 길이라는데
길을 찾고 있는 것이 옳은가

닮은 길이 아닌
안 보고도 분명하게 신뢰할 수 있는
길을 찾습니다

비렁길은

바다를 벗 삼아
섬을 지키던 우리 어머니 아버지
그 어머니와 아버지가
헐벗음의 무게 이기느라고
눈물과 땀방울로 걷던 길

언제부턴가 섬이 곁을 내줘서
우리가
고된 짐들을 내려놓고
푸른 파도소리로 위로받는 길

갈매기 한 마리 섬을 순찰하다가
솟아올라 제집으로 향하면
우리도 소망 한 아름 품고 기도하며
다시 잰걸음 시작하는 길

고양이 한 마리

'호랑이가 나타났다'

누가
소리쳤나?

모이를 주워 먹던
참새형제가 사라졌다

고양이 한 마리
골목에서 어슬렁거리면서
행세다

하는 짓이
꼭
닮았다

제5부

엄마의 그날

엄마의 그날

모시적삼 비단 한 자락도 없었지만
헐벗고 굶주려도 새댁이라서
고왔던 그날을 살고 계신다

계란으로 밀가루를 사고
종이에 말아 쥔
비가 사탕 한 개를 허리춤에 넣고
제비 같은 새끼들에게로 내달리던
그날을 살고 계신다

하얗게 머리카락이 샜어도
지금도 삼형제 끼니를 걱정하시며
그렁그렁 눈물이 앞을 가리던
그날을 살아가고 계신다

시집살이
홑이불 뒤집어쓰고
이 악물고 눈물 삼키시던
서러운 그날을
이제는 틀니를 물고 견디신다

〉

여전히 엄마의 나날은

그때 그날이다

달개비 꽃

혹시
들킬까 봐
저만치 비켜 서 있다

청초한 얼굴
파랑나비 같아서
슬그머니 곁에 앉았다

세례받은 듯한
신성한 듯 신비로운 듯
늘 마음이 푸르다

빈들에서 감사

없다
거기도 없으며
어디에도 없다

없는데
거기서 위로 받고
여전히 감사하다

그런데도
그럼에도 불구하고 감사하는 것
그래서 감사하다

빈 들의 풍요로움이 감사하다

존재

모두
어제를 모른 척
오늘을 산다

마치
하늘에서
툭
떨어진 것처럼

연등천 비가

비가 내리는 날
숨죽여 낮은 곳을 비우고 있었다

흥건하게 눈물이 차오를 때까지
밤새도록 아무 소리도 낼 수 없었다

비 갠 날 동트기 전
학 바위에 천둥 부려놓고 같이 울었다

미처 떠밀려가지 못한 연등천 고기떼가
흙탕물 속에서 헉헉 숨을 몰아쉰다

슬픔을 지우듯 거세게 모서리를 돌아
더 깊이 자맥질하는 중이다

학 바위 난간에 매달린
마지막 절규가 아프다

기도, 그 후

굶주린 깃털처럼
뼛속까지 보이는 곳으로 떠난다

텅 빈 속을 봐야
스스로 채울 수 없음을
깨달을 것이다

무엇이든 녹아
흐른다는 것을 볼 것이다

기도, 그 후

무게를 내려놓았더니
난장 같은 상처가
새살을 밀어 올린다

장도를 말하다

그때는 몇 번씩
가막만을 바라보며 바다를 훑어야
하루해가 저물었다

이제는 발 닿는 곳마다
혼을 담은 예술이 앉아
바람이 불면 땅을 치고 울던 시절을
영화처럼 풀어내고 있다

긴 꼬리가 육지까지 펼쳐졌는데
바다는 매운바람을 만나
더 출렁인다

어부의 옆구리가 비린내로 가득할 때쯤
시간가는 줄 모르고 섬에서 떠돌다가는
장도에서
바다를 치며 울 일이 생긴다

*장도 : 여수에 있는 섬

아침, 맞이하는 법

사람들이 북적이며 찾아왔다가
훌쩍 떠나 버렸다
하늘과 바다를 잇는 그 자리에
태양이 떠오를까

두 팔을 자갈밭에 눕히고
시간 가는 줄 모르고 놀던
작은 배
아침이 눈 뜨길 기다리고 있다

정월 초하루 아니라도
수평선에 구름이 덕지덕지 묻혀도
기대를 저버리지 않는 것이 순리다

때 묻지 않은 곳을 찾았더니
바다는 흥건하고 자갈이 반짝인다
밤새운 흔적이
눈가를 적실 때쯤
보이지 않는 곳부터 물들고 있다
〉

일 년에 한 번만
아침을 맞이한다는 것은
낯익은 교만이며
그 무엇을
해마다 잃어버리는 일이다

마른 잎 그 자리

오솔길
구불구불한 가장자리를
걸어가는 이유는
마른 잎 바스락대는 소리 때문이다

심한 몸살로 피 멍든 형편이지만
옹이 박힌 책 한 권이 될
사연을 만나는 일이다

소리를 내지 않는 것이
살아남는 법이라지만
비명을 번번이 지르고 마는
마른 잎의 한숨을 들어주는 것이다

귓속말로 속삭이고 있다
눈물이 흐르는 것도
달아나는 발자국을 귀를 세워 듣는 것도
슬며시 비켜서는 일이다

〉

눈치 없이 하나가 된 둘은
연둣빛 옷 갈아입고 찾아온 계절을 기다린다
마른 잎의 그 자리를
스스로 내어주면서

그 집

옛날로도 갈 수 있고
나중에도 가볼 수 있어서
지금도 편안하고
눈감으면 더 좋아지는
집

낡은 성경책 한 권이
기도처럼 놓여있는
모두에게
문이 활짝 열린
집

잠시 들러
기도하고 돌아왔는데
오래오래
생각나는
그 집

일 없다

아들의 손을 매만지며
어머니는 다가와 앉으신다
세월에 할퀸 손등이 거칠고 굵다

섬에 시집와서
평생 바닷물에 담그고
무서운 파도에 벌벌 떨었던
그 손

얘깃거리 많은 어머니 속마음을 모른 채
초저녁인데도 하품을 해대며
눈 시리다

아들의 손에 포개진 그 손을 향해
'어머니, 이 손 너무 부려먹지 마세요.'
한참 동안 머뭇거리던 어머니의 대답
'일 없다'

그대, 흔들리는 풍경

이름 없는
나무 한 그루를 사랑하는 일
숲이 되는 과정인 것을
오솔길 걸어
대숲을 지나면서 알았다

나무 향을
폐부에 담아오는 마음은
저미는 가슴을 부둥켜안는 일이다

사그락대는 풀잎 소리에
흔들리는 마음을
죄다 들킨 줄 알고 소스라쳤다

호수에 잠긴 숲이 흔들릴 때쯤
마지막 남은 하루를 덮는 아쉬운 순간

눈치 없이
실실 흘러나온 웃음기가
감싸 쥔 틈으로 새어 나올 때

〉

서성대다 허전해진 뒤태를
어느새 다가와
툭,
건드리는 그대

응급실에서

숨이 차올라서 급한 것이 아니다
가슴 한 가운데가 아직도 두근대고
목줄을 타고 어둠의 가속도가
지친 귀를 예민하게 두드린다

네 시간 만에 응급실에 도착하고
네 시간을 기다려 심장에 바늘 하나 꽂았다

분주하게 들려오는 소리에
귀를 세운다
로또복권 같은 이름이 불려야
고통에서 벗어날 수 있을 것이어서

가물가물
기다리다 두리번거리며 눈을 떴다
아내는
헝클어진 머리칼을
만질 줄도 몰랐다

아침

바람에 날리는 꽃대가
흔들릴 때마다
아침은
소리 없이 찾아왔다

희미하던 이슬방울이
초롱초롱 열릴 즈음
꾹꾹 눌러앉아
밤새도록 차오른 숨을 달랬다

너른 춤사위가 펼쳐지고
두근거리는 심장에서 잉태한 생명은
아침에 더 싱그럽다

썰물

섬은
물에 젖은 종아리를 걷었다

물에서 찾아온 사람은
아픈 종아리를 걷고
고둥처럼 섬에 엉겨 붙었다

바다의 부드러운 손길을
맨몸으로 경험할
단 한 번의 기회
바로, 지금이다

섬과 바다, 그리고 길과 생명성의 수사학

- 신지영 시집 『닮았다』

강 경 호
(시인·한국문인협회 평론분과 회장)

1. 들어가며

서정시는 인간의 삶에서 마주하는 정서적 사건들을 통해 시인이 느끼는 감정과 정신 표정을 형상화시킨 것이다. 물론 '시'라는 문학장르의 형식에 충실해야겠지만, 자신의 목소리를 들려줄 때 가치가 있다. 서정시의 요건을 갖추기 위해서는 시인만의 시적 세계를 견고하게 구축해야 한다. 그리고 오늘날 일군의 젊은 시인들이 난삽하고 알아들을 수 없는 기이한 목소리들을 내는데, 한때의 유행으로 그칠 것으로 내다본다.

그동안 보여온 신지영 시인의 시 세계는 섬과 바다가 중요한 시적 공간이다. 그가 태어나고 자란 곳이기 때문에, 그곳에서의 삶이 그의 시적 원형심상으로 자리잡은 까닭이다. 고향을 떠나 살아가지만 고향에서의 원체험이 늘 그의 내면에서 상상력으로 발화한다. 그리고 그의 시의 한켠에는 일상에서 만나는 다양한 심상들이 시로 형상화되고, 겉으로 잘 드러내지 않으면서도 삶을 이끄는 종교적 관념을 구체화한 것들이 그의 시 세계를 이룬다.

네 번째 시집 『닮았다』는 지금까지 구축한 섬과 바다를 탐구한 시편들과 자신이 이끌어 온 삶의 길에 대한 모색을 드러낸 시편, 생태학적 상상력을 발현한 시편들의 경향을 보여준다.

바다는 섬에 둘러싸여 있고, 그 섬에서 시인은 살았다. 바다와 섬은 시인을 키우는 자양분이 되고, 그리움이 되고, 추억의 장소가 되었다. 이제 시인은 시를 통해 고향의 바다와 섬을 한 발자국 떨어져서 객관화시킨다. 그러므로 현재 진행보다는 과거를 현재의 시점에서 바라보며 오늘의 바다와 섬을 노래한다. 실존적 세계를 탐구하는 시편들은 욕망을 버린 삶, 누군가에게 곁이 되고 싶은 삶, 충만한 삶, 그리고 자신의 길을 모색하고 있다. 생태학적 상상력을 펼치는 시편들은 이번 시집에서 많은 비중과 관심을 표명하고 있다. 생물학적인 생명성을 나타내는 시편은 물론 인간의 의지를 드러낸 생명성, 그리고 정신적 가치를 형상화한 생명성의 제문제를 깊게 탐구하고 있다.

2. 바다, 혹은 섬

'장소'는 엄연한 실존의 토대이다. 사람은 장소를 사는 존재로 사람이 살지 않는 땅은 죽은 공간이다. 사람은 땅에서 와서 땅으로 돌아간다. 사람이 살아가는 땅은 장소와 지각공간의 인지와 경험이 이루어지는 바탕이다. 삶은 그것을 구체적이고 직접적으로 경험하고 그 경험의 맥락과 연관성 안에서 인성이 형성되고 감정이 영향을 받는 일을 배제하고는 성립될 수 없다.

이렇듯 인간은 장소의 부재에서 존재할 수 없음은 당연한 일이다. 육체가 장소를 점유하기 때문이다. 그러므로 장소는 몸과 정신의 실존을 품고 그것이 피어나게 하는 자리이며, 모든 원초적 경험의 바탕이다. 그런 까닭에 사람과 함께하는 장소는 수많은 서사를 간직하고 있으며, 경험이 축적된 장소에는 그 장소만의 특별함이 투사되어 있다.

신지영 시인의 시에서 자주 나타나는 섬과 바다의 장소는 시인만의 특별함이 배어있다. 그가 묘사하는 고향의 섬과 바다, 부모님 등에는 수많은 서사가 깃들어 있다. 이러한 것들은 신지영 시인의 총체성을 이루는 요소가 된다.

모든 시는 현재의 시점에서 과거를 바라보는 시점을 취한다. 그런 측면에서 신지영 시인의 시에 나타난 시인의 의식에는 유년의 고향에서의 행복했던 때를 그리워한다. "두 팔을 자갈밭에 눕히고/ 시간 가는 줄 모르고 놀"았다고 회억한다. 이러한 기억은 「섬과 섬 그 중간쯤에서」와 「아침, 맞이하는 법」에서 반복적으로 나타난 것으로 보아 유년의 고향인 섬에서의 추억 중에서도 특히 기억하고 있다. 이렇듯 섬과 바다의 추억을 간직하고 있는 신지영 시인의 시를 살펴본다.

사람들이 북적이며 찾아왔다가
훌쩍 떠나 버렸다
하늘과 바다를 잇는 그 자리에
태양이 떠오를까

두 팔을 자갈밭에 눕히고
시간 가는 줄 모르고 놀던
작은 배
아침이 눈 뜨길 기다리고 있다

정월 초하루 아니라도
수평선에 구름이 덕지덕지 묻혀도
기대를 저버리지 않는 것이 순리다

때 묻지 않은 곳을 찾았더니
바다는 흥건하고 자갈이 반짝인다
밤새운 흔적이
눈가를 적실 때쯤
보이지 않는 곳부터 물들고 있다

일 년에 한 번만
아침을 맞이한다는 것은
낯익은 교만이며
그 무엇을
해마다 잃어버리는 일이다

-「아침, 맞이하는 법」 전문

이 작품에서 시인의 시점은 현재에서 과거로 이동하였다가 다시 현재로 이동하여 시인의 의식을 드러내 보이는 과정을 보여준다. "사람들이 북적이며 찾아왔다가/ 홀짝 떠나 버렸다" 오늘날 연육교, 연도교가 섬을 잇고 있어 편리하다. 그러나 섬의 정체성에 대해 회의를 갖게 하고 있다. 육지와 떨어지고 분리되었을 때 온전한 섬이라고 할 수 있는데 오늘날 육지와 연결되어 있어 본래 섬의 기능을 약화시킨 것이 사실이다. 그러다보니 사람들이 쉽게 섬을 다녀올 수 있게 되었다. 이 작품에서는 꼭 그런 의미는 아니지만, 명절 때 고향을 찾는 일도 그러하다. 그래서 "일 년에 한 번만/ 아침을 맞이한다는 것은/ 낯익은 교만이"라고 말할 수 있는 것이다.

이 작품은 섬에서 맞는 아침을 노래하고 있다. 섬을 어머니 양수처럼 감싸고 있는 바다는 하늘과 맞닿아 있다. "그 제자리에/ 태양이 떠오를" 것인지를 묻는다. 섬에서는 "작은 배/ 아침이 눈 뜨길 기다리고 있다". 그러나 우리나 시인이나 다 안다. "정월 초하루 아니라도/ 수평선에 구름이 덕지덕지 묻혀도/ 기대를 저버리지 않는 것이 순리다" 태양은 언제든지 하루에 한 번씩 떠오르는 것을 잊지 않는다. 그런 까닭에 수많은 날 중에 고향인 섬에서 "일 년에 한 번만/ 아침을 맞이한다는 것은/ 낯익은 교만이"라고 노래할 수 있는 것이다.

제주도 출신 문충선 시인은 섬을 '감옥'으로 인식하였다. 태풍이 불면 꼼짝없이 갇히기 때문이다. 그것이 아니

더라도 지난 시절엔 육지로 건너는 일이 쉽지 않았다. 신지영 시인의 유년에도 이와 같았으리라.

다음의 「섬과 섬 그 중간쯤에서」의 시점은 현재의 상황과 과거 회상을 보여준다.

다리를 건널 때마다
밑바닥에 묻어둔 생각들이 일어서고
맞잡은 손을 흔들다가도
아직 뿜어내지 못한 향수에 젖는다

썰물에 떠오른 바위섬이
휘어지는 파도를
온몸으로 막아선다

배를 타고
섬의 경계를 넘는 일이 낯설다

자갈밭에 두 다리 펴고
나란히 앉아 있던 아이들이나
검게 탄 얼굴로 바다를 일구던 어부들은
이런 일을 짐작이나 했을까

섬과 섬
그 중간쯤에서
유년의 흔적을 섬에 둔 사람이
핑계 삼아 바다를 바라본다

또 다른 섬 잇고도
잊지 못한다

-「섬과 섬 그 중간쯤에서」 전문

시인의 유년에는 육지에 쉽게 접근할 수 있는 다리가 없었다. 이후 다리가 있어 섬을 쉽게 오고 갈 수가 있다. 시적 화자는 "다리를 건널 때마다/ 밑바닥에 묻어둔 생각들이 일어서고/ 맞잡은 손을 흔들다가도/ 아직 뿜어내지 못한 향수에 젖는다"고 진술한다. 다리를 건너 섬에 가는 일에 대해 육지 사람들은 짐작하지 못할 상념에 젖는다. 멀고 아득하기만 했던 육지를, 또는 섬을 쉽게 다가갈 수 있기 때문인데, 화자는 많은 생각을 하게 된다. 그리고 향수에 젖는다. "자갈밭에 두 다리 펴고/ 나란히 앉아있던 아이들이나/ 검게 탄 얼굴로 바다를 일구던 어부들은/ 이런 일을 짐작이나 했을까"하고 오늘날 다리로 이어진 문명의 이기가 가져온 변화에 대해 말한다. 그러므로 "섬과 섬/ 그 중간 쯤에서/ 유년의 흔적을 섬에 둔 사람이 핑계 삼아 바다를 바라본다" '섬과 섬 사이 중간쯤'이면 말 그대로 '섬과 섬 사이'이다. 즉 오늘날 섬과 섬 사이를 잇는 연도교 중간쯤으로 '바다 한가운데'일 것이다. 앞에서 말했듯이 섬은 유폐된 장소로 현실에서의 고통스러운 장소이기도 하여 화자는 "또 다른 섬 잇고도/ 잊지 못한다"고 회상하는 것이다.

이밖에 이번 시집에서 섬과 바다를 형상화한 「장도를

말한다」는 현재의 시점에서 과거를 떠올린다. 화자는 섬에서 바다를 바라보는 관점을 취하고 있다. 하루 종일 "가막만을 바라보며 바다를 훑"고, 바라보는 바다는 "매운 바람을 만나/ 더 출렁"이고 있다. 이렇듯 막막한 서정은 "바다를 치며 울 일이 생긴다"고 하여 섬을 '감옥', '유폐'의 장소로 나타낸다.

「적금대교를 지나며」에서는 적금대교에서 다리 아래 지나는 바다의 배를 바라본다. 그 배가 "섬을 떠나지 못하는 것은/ 정이 깊어서일" 것이라고 짐작한다. 또한 "사람과 사람/ 사이를 이어주"는 것이 다리라고 말한다. 그리고 화자가 "잠시 잊고 살아왔을 뿐"이라고 자신의 고향인 섬에 대한 감정을 내비친다.

「섬 길을 잇다」 역시 섬에서 삶을 살았던 아버지를 회상하며 "자동차를 타고 적금대교를 지나/ 어머니에게" 간다고 진술하며 쉽게 섬에 다다를 수 있는 적금대교가 단순한 구조물이 아니라 육지와 섬, 그리고 화자 자신과 어머니와의 관계를 이어주는 공간성으로 인식하고 있다.

「섬에 가면」은 시인의 총체성을 이루게 한 섬의 의미를 되새긴다. 섬에 배어있는 유년의 서사가 이제는 전설이 되어가고 있다하며 섬과 섬이 장가들고 시집간다며 섬을 의인화하여 애틋한 관계로 인식하고 있다.

「기다리는 섬」은 "바다 가운데 남겨진 섬 부도"를 노래하고 있는데, 찾는 이가 없어 "언제부턴가 배 한 척이 보고 싶고/ 사람들이 그리"운 섬이 되어버려 사람을 기다리는 외로운 섬임을 묘파하고 있다. 본래부터 간직해 온 섬의 초상을 그렸다.

3. 길 찾기

인간은 태어나 자신에게 주어진 길을 간다. 그 길은 쉽게 가는 길이 아니며 함부로 가는 길이 아니다. 실존의 길이며 존재방식이 깃들어 있다. 그러므로 예로부터 '어떻게 살 것인가?'에 대한 명제를 끊임없이 탐구하였다. 이렇듯 인간에게 '길 찾기'는 한 인간으로서 제대로 서기 위한 노력으로 궁극적으로는 휴머니즘을 실천하는 일이다.

신지영 시인에게 길 찾기는 그의 삶의 지표가 되는 기독신앙을 실천하는 일이다. 그는 「무서운 날」(시집 『바람부는 날』)에서 자신의 존재를 부정한다. 이 부정은 높은 곳을 향하기 위한 부정이라고 한다. 이렇듯 보다 나은 인간으로서 성장하기 위한 그의 노력은 이번 시집에서는 창조주가 만든 땅에 지번을 부여하고 "맨 땅에 금을 그은 자"들의 욕망을 부정한다. 창조주 영역을 함부로 욕망의 수단으로 전용하는, 자본주의 시스템으로 운용되는 우리 사회의 그릇된 탐욕에 대해 경계한다. 그리고 "보이지 않는 것도 아름답고/들리지 않는 것은 더 세미"하다(「두고두고 감사할 일」)고 한다. 이렇듯 기독교적 관념을 사고의 중심에 두고 있는 신지영 시인은 이번 시집에서는 다양한 존재론적인 실존의 태도를 견지한다. 결과적으로

'어떻게 살 것인가?'라고 스스로에게 묻고 자신의 길 찾기에 몰두하는 것이다.

길은 다 통한다는데
한 길만 걷는 것은 우매한 고집일까

길은 다 닮았는데
길이 다름을 안다는 것은 절망일까

길은 다 같은 길이라는데
길을 찾고 있는 것이 옳은가

닮은 길이 아닌
못 보고도 분명하게 믿어지는
길을 찾습니다

-「길을 찾습니다」 전문

이 작품은 '길'이라는 시적 대상을 인간이 지향해야 할 삶의 자세, 또는 삶의 태도로 표지화하여 시적화자가 가야 할 지표로 설정하고 있다. 박목월이 "길은 외줄기 남도 삼백 리"라고 노래한 「나그네」에서의 길은 단지 장소적 의미를 띠지만 신지영 시인의 이 작품에서의 길은 보이지 않는 삶의 방향을 가리키는 표지가 된다. 장소적 의미의 '길'을 지시적 의미로 확장시킨다. 그러므로 "길은 어디든 통한다는데" "길은 모두 닮았는데" "길은 다 같은 길이라는데"라고 장소적 기능을 가진 길의 의미를 인생의 지평으로 넓히고 있다. 화자는 "한 길만 걷는 것은 우매한 고집일까"라고 고심한다. 많은 길 중에 하나를 선택하는 일은 오직 올곧고 자신의 길을 가겠다는 정체성을 드러내는 일이다. 그리고 "길이 다름을 안다는 것은 절망일까"라고도 고뇌한다. 누군가와는 다른 길을 가는 것은 절망이 아니라는 것을 인식하는데서 느끼는 감정일 것이다. 그리고 "길을 찾고 있는 것이 옳은가"라는 생각 또한 자신을 성장시키는 과정에서 느끼는 감정이다. 이렇듯 화자는 그것이 옳든 옳지 않든간에 다양한 생각을 하면서 "안 보고도 분명하게 신뢰할 수 있는/길을 찾"는다고 고백하고 있다. 자신의 신념에 따라 길을 가겠다는 다짐은 응당 옳은 선택이 아닐 수 없다.

이러한 시인의 길찾기는 다음의 「물」에서 보다 구체성을 띈다.

몰랐다
자꾸만 위에다 붓고
위로 보내고
위에 두었음에도

요리조리 길을 내며
휘어지고 구부러지고
멀리 돌아서라도
마침내 낮은 데로 가는 것을

더 낮은 데로
더 천한 데로
밑바닥에서부터 다시
더 깊이 더 넓게
세상을 흠뻑 적실 수 있음을
물은
이미 알고 있는 것이다

-「물」 전문

위의 작품 '물'은 시인이 지향하는 삶의 좌표가 어떠한 것인지를 명확하게 말해준다.

본래 생명의 원천이며, 생명 자체인 '물'은 생명을 유지하는데 필요한 가장 기본적인 요소이다. 그런데 이 작품에서 물이 지닌 성질을 화자 또한 그대로 닮아 물처럼 살겠다는 의지를 내보인다. 그러나 화자는 물이 지닌 성질을 "몰랐다"며 작품의 서두에서 고백한다. 높은 데서 낮은 데로 흐르는 것이 물이라는 것과, 낮고 천한 데를 흘러 마침내 세상을 흠뻑 적시는 것이 물이라는 것을 알지 못했지만, 마침내 알게 되었다는 메시지를 통해 시적 화자는 물의 본성인 '낮은 데로 흐르고, 천한 데로 흘러, 세상을 흠뻑 적시는' 성질을 닮겠다고 한다. 이렇듯 높은 데를 상징하는 권력과 명예를 지양하고, 생명을 살리는 물과 같은 존재가 되는 일은 순리이며 자연의 섭리라는 것을 묘파하고 있다.

이밖에 자신의 길을 찾아가고자 하는 시인은 「골목길」

에서 골목처럼 좁은 곳을 지나갈 때는 "두 손 고아/쭉/팔을 뻗고/목부터 내밀어야 한다"며 때로는 굽어지며 순리대로 길을 가야한다고, 인생이라는 길을 지나가는 법을 노래한다.

「그대, 흔들리는 풍경」에서는 나무 한 그루 한 그루가 모여 숲이 되는 이치를 보여주며, 개체 하나 하나가 모여 커다란 사회가 되는 것을 형상화하고 있다.

「곁이 되는 것」에서는 타자를 위해 마음을 쓰고 관심을 갖음으로써 누구나에게 힘이 될 수 있는 존재로서의 실존방식을 그려내었다.

「빈 들에서 감사」는 추수가 끝나고 모든 것을 내어줘버린 어머니의 품 같은 들판이 빈 것은 다시 채울 수 있기 때문에 감사하다는 역설을 통해 텅 빔의 충만을 노래하고 있다.

「대장간에서 듣다」는 대장간에서 쇠붙이가 망치를 맞음으로써 더욱 견고해진다는 튼실한 정신성을 말하고 있다.

「캐스팅, 그 후」는 "가난하고/무지하고/연약하고/고만한" 자신을 왜 캐스팅했는지를 묻는다. 모두 쓰임새가 있음으로 절대자의 선택을 받는다는 인식을 통해 존재의 비밀과 아름다움을 노래하고 있다.

이처럼 자신의 길을 가는 존재의 다양한 삶의 방식을 실존적 방법론으로 탐구하고 있다.

4. 생명성 탐구

생명성을 모색하는 시학은 1990년대를 기점으로 산업화의 결과 도시가 팽창하고 소비가 촉진되어 온갖 문제들이 노출되면서 이른바 생태학적 상상력의 발현으로 우리 시의 중요한 화두가 시작되었다. 이는 자연 환경의 파괴로 환경문제로부터 시작되었지만 이후 본질적으로 생명성에 관한 깊은 모색을 하기에 이르렀다.

생명성 문제는 전지구적인 관심으로 심화되어 오늘날에는 인류의 생존을 위협하는 생태환경파괴에 관한 제문제와 더불어 인간과 자연의 상생에 대한 전망과 해결방법을 탐구하고 있다. 더불어 원초적인 인간의 생명성을 정신적 차원에서 천착하고 있다.

이런 시점에 신지영 시인은 생명성 탐구를 많은 시편을 통해 모색하고 있어 이번 시집에서 특히 주목된다. 그의 생태학적 상상력은 자연과 인간의 원초적인 생명문제와 더불어 인간 정신영역의 성장에까지 관심을 가지고 시로 형상화시키고 있다.

신지영 시인의 생명성 탐구는 먼저 시인이 지낸 병동생활에서의 고통스러운 날들의 기억 때문에 더욱 간절하게 다가오며 설득력을 갖는다.

"네 시간만에 응급실에 도착하고/네 시간을 기다려 심장에 바늘 하나를 꽂았다" "가물가물/기다리다 두리번거리며 눈을 떴다"(「응급실에서」)고 한다. 숨이 차고 가슴이 두근대는 고통 속에서 네 시간만에 응급실에 도착하기까지의 불안한 상황에서의 위급함은 네 시간이 아니라 그 보다 더 긴 시간으로 느껴졌을 것이다. 생명의 위기에서 느껴지는 절박함으로 인해 생명의 소중함과 가치가 더욱 귀하게 다가왔을 것으로 보여진다. 병동에서의 생활이 그려진 「새벽 한 시」는 시제가 '새벽 한 시'인 것처럼 더욱 절박한 상황들이 암시된다. 특히 "새벽 한 시,"는 모두가 잠든 한밤중이어서 더욱 생명의 불안정성이 느껴지는 시간이다. 이때쯤 "5병동의 복도가 분주하다" 고통스러운 환자의 신음소리, "허둥대며 헝클어지는 시간/야윈 팔뚝에 박힌/날카로운 금속을 타고 훅 들어왔다"는 진술에서 위급하고 불안한 정서가 시 전면에 흐른다. "알약을 삼킨 후/투명한 관으로" 비로소 "생명의 물관을 연다"는 문장에서 한밤중 병동에서 일어나고 있는 소동의 긴박함을 알 수 있다. 이렇듯 신지영 시인은 자신의 몸으로 느낀 병원에서의 생활에서 더욱 생명의 소중함을 인식함으로서 생명에 대한 관심이 남다를 수밖에 없다. 그러므로 그가 바라보는 '잔디' '민들레' '청포도' '꽃'과 '낙엽' 그리고 '개미' 한 마리의 생에서 생명에 관한 남다른 감각을 보여준다.

밟고 섰다

가느다란 바람이 불어도
흔들리는 잎사귀들이
수 없이 의지하며 모였다

한 발을 들어 보니
무참히 눌렸다가
허리를 접어 바닥에 눕힌 채 중상이다

비를 머금은 바람이 불어왔다
바스락거리며 허리를 세워
하나 둘
몸을 일으킨다

휙 뒤돌아보았다
모두가 하얀 손을 흔들며
부끄러운 등에다 쏘아붙인다
생존권 보장!

-「잔디」 전문

시적 화자는 잔디를 밟고 서 있다. 물론 일부러 잔디를 밟은 것이 아니다. 자신이 잔디를 밟고 있음을 "한 발을 들어" 본 후 "무참히 눌렸다가/허리를 접어 바닥에 눕힌 채 중상"인 것을 알게 된다. 화자의 인식 태도에 의하면 화자가 잔디에게 상해를 입힌 셈이다. 흔히 우리는 잔디를 밟은 것에 대해 아무런 죄의식을 갖지 않는다. 그러나 생명의 가치를 노래하는 이 작품은 아무리 미물이어도 생명의 가치를 인간의 생명과 등가를 이루는 생명의식과 경외심이 투사되어 있다.

잔디를 의인화시킨 이 작품은 "가느다란 바람이 불어도/흔들리는 잎사귀들이/수 없이 의지하며 모였다"에서 보듯 '바람'이라는 폭력에 잔디들이 자신들을 지키는 모습을 나타낸다. 이때 약한 바람을 시각화한 '가느다란 바람'이지만, 그럼에도 불구하고 잔디는 반응한다. 더불어 "비를 머금은 바람"에 저항하기 위해 "바스락거리며 허리를 세워/하나 둘/몸을 일으킨다" 그리고 "생존권 보장!"을 외치는 것에서 은연중에 핍박받는 민중들을 대변하는 듯하다.

이 작품은 '바람'과 '풀'이 대립관계를 이르는 것에서 김수영의 「풀」을 연상시킨다. 강렬한 현실의식과 저항정신도 닮았다. 그러나 신지영 시인의 이 작품에서는 근본적으로 잔디를 밟은 화자의 성찰을 보여주고 있는 점에서 생명시 쪽에 기운다.

다음 작품 「산다는 것은」은 강한 생명의식을 형상화하였다.

> 머물 자리가 없어서
> 비집고 들어간 틈에서
> 온기를 찾는다
>
> 죽을힘을 다해
> 마른 잎을 밀어내고
> 포르르 날개를 펴면
>
> 여전히 두근거리는 심장,
> 산다는 것은

기어코 견디는 일인가 보다

-「산다는 것은」 전문

이 작품은 외형적으로는 어떤 생명체가 생명의 의지를 보여줌으로써 생명성을 확보하는 것으로 나타낸다. 그러나 본질적으로는 삶에 대한 강한 생명력을 탐구하고 있다. 시적 주체가 "머물 자리가 없어서/비집고 들어간 틈에서/온기를 찾는다" '온기'는 생명을 살리는 기본 요소이다. 그러므로 온기를 찾아가는 행위는 살아남기 위한 몸부림이다. "죽을힘을 다해/마른 잎을 밀어내고/포르르 날개를 펴면"에서 보듯 생명체의 살기 위한 노력은 무척 강한 의지의 표명으로 "포르르 날개를" 편다고 함으로써 '비상'을 꿈꾸고 있다. 시적 상징으로써 '날개'와 '비상'은 보다 적극적으로 자신의 생명성을 지키려는 몸짓이다. 더불어 "여전히 두근거리는 심장"은 죽지 않고 살아있음의 증거로 생명성을 획득했다는 확실한 표시이다. 앞에서 살펴보았듯 시적 주체의 행위가 생명을 위협하는 대상과의 싸움에서 그것을 극복했다는 뜻이다. 그러므로 이 작품에서 화자가 "산다는 것은/기어코 견디는 일"이라고 한 것은 수많은 폭력 앞에서 견뎌냄으로써 살아낼 수 있음을 말하고 있다.

이밖에 신지영 시인의 생태학적 상상력을 구현하고자 하는 시편들에서 「옹이터」는 나무의 상처인 옹이를 상처로 인식하지 않고 오히려 굳은 살이 되어, 마침내 "하늘을 향해이 문을 열었다"고 한다. 문이 닫혀있음이 '폐쇄'와 '유폐'를 나타낸다면 문이 열림으로써 더욱 생기발양을 의미하여 생명성을 고양하고 있다.

「청포도」는 "시퍼렇게 멍이 들고" "못 견딜 비바람에 설익은 새날을/맨발로 맞이하고 있다"고 하였는데 푸르게 익는 청포도의 이미지를 통해 성숙한 생명성을 노래하였다.

「꽃불」은 봄이 되어 온 산에 불타듯 피어나는 꽃들의 향연을 '꽃불'로 표현하며 "물 머금은 가지마다/바람에 맡긴 꽃불이 박자에 맞춰/빙글빙글 돌고 있다"고 생명의 기쁨과 환희의 정서를 드러내고 있다.

「핑계」에서는 "넌 괜찮아 그대로 있어!"하며 밖에 둔 시적 대상을 태풍이 지나간 뒤에 바라보며 안도의 한숨을 내쉰다. "되레 응원이 되었"는지 괜찮은 화분의 모습에서 화자는 독하게 살아야 한다는 역설이 생명을 지켜주었음을 핑계로 삼고 있다고 한다. 결과적으로 지난한 조건에서 생존하는 존재들의 모습을 보여준다.

5. 나가며

신지영 시인의 네 번째 시집 『닮았다』는 첫 시집 이후 지금까지 천착해 온 '바다와 섬'에 관한 시인의 체험과 기억을 떠올리며 상상력을 펼친 시편들을 이번 시집에서는 보다 심화시키고 있다. 바다와 섬에 관한 그의 상상력은 자신을 키운 그곳에 대한 그리움과 연민, 그리고 안타까운 정서가 깃들어 있다. 그러는 한편 다리가 이어져 본래 섬이 지닌 '갇혀있는 공간'으로써의 섬의 정체성이 흔들리는 모습과 사람들이 떠난 장소에 대한 안타까움이 교차하고 있다.

이번 시집에서 보다 적극적으로 탐구하고 있는 존재에 대한 인식과 실존방식에 대한 모습을 보여주는 이른바 '길 찾기'를 드러낸 시편들은 신지영 시인의 시적방향의 튼실함이 느껴진다. '기독신앙'을 바탕으로 자아실현을 모색하는 태도가 이번 시집의 품격을 높여준다.

그리고 신지영의 이번 시집에서 가장 많은 관심을 드러낸 시적 경향은 '생명성 탐구'에 대한 상상력을 펼친 시편들로 지금까지 그의 시세계에서는 잘 나타나지 않은 것들로 이번 시집이 거둔 값진 소득이다. 시인 자신의 병마와 싸운 체험을 통해 생명성 앙양의 의지가 생성되었을 것으로 짐작된다. 근대성의 촉진으로 맞은 산업화와 이로 인한 환경문제, 그리고 오늘날 인류가 맞고 있는 기후문제 등으로 더욱 깊어진 고민을 통해 이러한 문제들의 근원적인 원인이 인간의 탐욕임을 신지영 시인의 시는 묘파하고 있다. 그러므로 '잔디'를 밟는 것조차 죄의식을 느끼고 반성과 성찰을 가진다.

신지영 시인의 시집 『닮았다』는 새로운 변화와 도약을 시도하는 시집으로 매우 의미있는 작품집이다. 그러므로 그의 시가 지향하는 방향성에 대해 주목한다.